A ARTE DO CLOWN E O HUMOR NA ESCOLA

Editora Appris Ltda.
1.ª Edição - Copyright© 2023 do autor
Direitos de Edição Reservados à Editora Appris Ltda.

Nenhuma parte desta obra poderá ser utilizada indevidamente, sem estar de acordo com a Lei nº 9.610/98. Se incorreções forem encontradas, serão de exclusiva responsabilidade de seus organizadores. Foi realizado o Depósito Legal na Fundação Biblioteca Nacional, de acordo com as Leis nos 10.994, de 14/12/2004, e 12.192, de 14/01/2010.

Catalogação na Fonte
Elaborado por: Josefina A. S. Guedes
Bibliotecária CRB 9/870

P475a	Pessoa, Henrique Cesarino A arte do Clown e o humor na escola / Henrique Cesarino Pessoa. – 1. ed. – Curitiba : Appris, 2023. 41 p. ; 21 cm. Inclui referências. ISBN 978-65-250-4847-5 1. Palhaços na cultura popular. 2. Humor. 3. Educação. I. Título. CDD – 791.33

Appris
editora

Editora e Livraria Appris Ltda.
Av. Manoel Ribas, 2265 – Mercês
Curitiba/PR – CEP: 80810-002
Tel. (41) 3156 - 4731
www.editoraappris.com.br

Printed in Brazil
Impresso no Brasil

Henrique Cesarino Pessoa

A ARTE DO CLOWN
E O HUMOR NA ESCOLA

FICHA TÉCNICA

EDITORIAL	Augusto Vidal de Andrade Coelho
	Sara C. de Andrade Coelho
COMITÊ EDITORIAL	Marli Caetano
	Andréa Barbosa Gouveia (UFPR)
	Jacques de Lima Ferreira (UP)
	Marilda Aparecida Behrens (PUCPR)
	Ana El Achkar (UNIVERSO/RJ)
	Conrado Moreira Mendes (PUC-MG)
	Eliete Correia dos Santos (UEPB)
	Fabiano Santos (UERJ/IESP)
	Francinete Fernandes de Sousa (UEPB)
	Francisco Carlos Duarte (PUCPR)
	Francisco de Assis (Fiam-Faam, SP, Brasil)
	Juliana Reichert Assunção Tonelli (UEL)
	Maria Aparecida Barbosa (USP)
	Maria Helena Zamora (PUC-Rio)
	Maria Margarida de Andrade (Umack)
	Roque Ismael da Costa Güllich (UFFS)
	Toni Reis (UFPR)
	Valdomiro de Oliveira (UFPR)
	Valério Brusamolin (IFPR)
SUPERVISOR DA PRODUÇÃO	Renata Cristina Lopes Miccelli
PRODUÇÃO EDITORIAL	Jibril Keddeh
REVISÃO	Simone Ceré
DIAGRAMAÇÃO	Renata Cristina Lopes Miccelli
CAPA	Sheila Alves
ILUSTRAÇÃO	Ricardo Valery Sanzi

Dedico este livro aos meus sobrinhos: Fran, Carol, Kika e Fefê.

AGRADECIMENTOS

Agradeço ao professor Celso Solha, por ter me orientado com dedicação, competência e sensibilidade.

Agradeço também à Ana Beatriz Mesquita, ao Carlos Eduardo Bernardo, ao Carlos Evelyn, ao José Norberto Papo, ao Leonel C. Pessoa, à Maria Antonieta Cesarino Pessoa, à Patrícia Branco e à Silvia C. Pessoa, que colaboraram das mais diversas formas para realização deste livro.

PREFÁCIO

Minha mãe, Ivette, foi uma pedagoga apaixonada, diretora e supervisora de ensino durante décadas. Porém, sempre afirmava que a escola era muito chata, quase sempre insuportável... Na década de 60, ela introduziu o teatro em suas aulas e o resultado foi incrível, os alunos participavam ativamente e a relação com a aprendizagem foi radicalmente transformada nesse período.

Henrique Cesarino Pessoa, ator e professor também apaixonado, traz a mesma questão, décadas depois: como o professor pode transformar a aprendizagem em algo amoroso, instigante, algo que desperte a curiosidade e as possibilidades lúdicas nos alunos? Uma das possibilidades que ele indica é o trabalho com a máscara clownesca, o velho e bom nariz vermelho nos lembrando de nossa condição humana, nos remetendo sempre não à criança que fomos, mas à criança que permanece em nós e que mantém viva nossa capacidade de olhar para o mundo com olhos sempre ávidos e maravilhados. Paulo Freire, no prefácio do livro de Georges Snyders *Alunos felizes*[1] (pode existir título mais bonito?), afirma que "lutar pela alegria na escola é uma forma de lutar pela mudança do mundo".

O Clown, em sua inteireza e acolhimento, em sua aceitação amorosa dessa condição humana, tão frágil em sua pretensa sabedoria, estabelece a ponte entre nós e nós mesmos, entre nós e o Outro. Alteridade, respeito, alegria, aceitação, bom humor e uma curiosidade infinita, que move alunos e professores, que pode transformar a sala de aula em um lugar onde se desenvolve

---

[1] SNYDERS, George. *Alunos felizes*: reflexão sobre a alegria na escola a partir de textos literários. Rio de Janeiro: Paz e Terra, 1993.

o verdadeiro sentido de cidadania e humanidade. Onde a arte está presente em sua potência e beleza. Possibilidade de mudança, de liberdade, amor e alegria.

Bete Dorgam

Atriz e professora na Escola de Arte Dramática (EAD-ECA-USP)

Pesquisadora das máscaras de palhaço e bufão

Recebeu o prêmio Shell como melhor atriz, em 2010, pelo espetáculo Casting, dirigido por Marco Antonio Rodrigues, entre outras atividades artísticas.

APRESENTAÇÃO

Personificando alegria, fantasia e lirismo, o Clown continua cativando o mundo com seu humor libertário e catártico.

Explorando o elemento lúdico, inclusivo e pedagógico que a experiência da descoberta de seu Clown nos proporciona, somos convidados a um processo de autoconhecimento e autoaceitação assimilando o que há de ridículo em nós como algo positivo. Compreendemos, dessa maneira, que ridículo é aquele que é digno de riso, e isso pode ser visto como uma qualidade.

Aprendemos então que podemos ser meninos na malícia, mas que devemos ser adultos no entendimento. Com essa possibilidade de rir com o outro sem implicações dolorosas, nós nos apropriamos de nossa condição humana, frágil e risível e nos relacionando de forma lúdica, afetiva e criteriosa com o conhecimento e o semelhante aprimoramos assim nosso relacionamento interpessoal. Dessa maneira, podemos ser agentes de um devir mais humanizado.

Sorrindo, então, com a falta de esperança ao nosso redor, podemos vislumbrar um caminho, por meio do humor, para reconquistarmos a esperança perdida.

Desde que escrevi esta defesa em 2011, tenho ministrado Oficinas de Clown em diversas instituições e focado sempre em conciliar um cuidado pedagógico, artístico e inclusivo.

Espero que esta pesquisa enriqueça o universo do leitor.

Obrigado e boa leitura.

SUMÁRIO

1
INTRODUÇÃO 15

2
O CLOWN COMO ESTÉTICA 19

3
O CLOWN E O HUMOR 23

4
ALGUMAS CONSIDERAÇÕES
SOBRE O RELACIONAMENTO
PROFESSOR-DIRETOR E ALUNO-ATOR 27

5
UM PROCESSO PEDAGÓGICO DIFÍCIL E DELICADO 31
 5.1 EXPERIÊNCIA VIVIDA INTENSAMENTE COM ARTE 32

6
CONSIDERAÇÕES FINAIS,
A HORA DE TIRAR A MÁSCARA 35

REFERÊNCIAS 37

ANEXO 39

INTRODUÇÃO

> Palhaço
>
> Quando eu era   criança
> queria ser   palhaço
> fui   crescendo
> ou talvez   diminuindo
> e hoje   sou palhaço
> mas queria ser criança
>
> (Henrique Pessoa)

Começo a monografia com esse poema porque ele fala um pouco de mim e da minha relação com o Clown, além de sua pertinência em relação ao que vamos estudar.

Quando pequeno eu, de fato, queria ser um palhaço. Mais tarde, já adolescente, com o mesmo desejo, entrei para uma escola de teatro. Não me tornei palhaço, mas um ator e professor de teatro. No entanto, a admiração e o fascínio pela linguagem do Clown continuaram presentes em mim.

Ao aprender teatro, descobri que se trata de uma arte coletiva que propicia variadas formas de interação social, convivência e aprendizado em grupo, levando os indivíduos a respeitarem-se mutuamente. Enxerguei no teatro um caminho válido para a formação cultural do indivíduo.

Mais tarde, como professor, sempre me defrontei com a seguinte questão: como conciliar um cuidado, ao mesmo tempo, pedagógico e estético?

No entanto, minha maior preocupação no momento é pesquisar e promover uma linguagem teatral e circense conhecida por Clown.

Considerado inadequado, o Clown, cuja estética se aproxima da commedia dell'arte (teatro de máscaras), nos ensina a possibilidade de valorização da falha, pois nessa linguagem a virtude está situada justamente na possibilidade do "erro".

Nessa perspectiva, a experiência com o Clown transcende a representação de um espetáculo, não se preocupando apenas com a esfera estética.

O brincar é uma atividade fundamental da criança, pela qual ela interage com o mundo, se socializa, aprende sobre si mesma e sobre o outro. O elemento lúdico está efetivamente presente na vivência teatral e, de forma acentuada, na vivência do Clown. Dessa maneira, o jogo nos proporciona um resgate da "criança" que existe no humano em todas as etapas de sua existência.

Por meio do Clown, as pessoas se permitem reencontrar e reviver essa "criança". Este aprendizado da capacidade de viver o lúdico permite a experiência singular da conexão entre as pessoas e o aprimoramento do relacionamento interpessoal.

Para ilustrar e esclarecer melhor o que foi dito cito Jacques Lecoq:

> Mostrar suas fraquezas (as pernas finas, o peito largo, os braços pequenos) e enfatizá-las usando roupas diferentes daquelas que usualmente as ocultam, é aceita se e mostrar-se tal como se é. [...] O fenômeno ultrapassa a simples representação e seu espetáculo. [...] Existe em nós uma criança que cresceu e que a sociedade não permite aparecer; a cena a permitirá melhor do que a vida. Esse caminho é puramente pedagógico e essa experiência serve ao comediante para além mesmo da representação clownesca. Não basta um Clown de teatro apresentar-se ao público fracassando naquilo que procura fazer e com uma

roupa típica e nariz vermelho. O Clown profissional deve saber realizar seus fracassos com talento e trabalho. (LECOQ, 1987, p. 117).

Por meio da linguagem cênica, em geral, e da abordagem clownesca, em particular, este aprendizado é consolidado, despertando novas formas de perceber, sentir e relacionar-se com a vida cotidiana.

Pretendo explorar o que há de específico na linguagem do Clown e como essa especificidade pode nos acrescentar, sobretudo no que tange à educação, e, em especial, no ensino médio.

Para realizar essa investigação considero necessário abordar, ainda que resumidamente, o humor na Arte e na Filosofia e algumas questões técnicas a respeito do Clown, seus respectivos tipos clownescos e da commedia dell'arte.

O CLOWN COMO ESTÉTICA

*A máscara do Clown, o nariz, é a
menor máscara do mundo, a que
menos esconde e mais revela.*

(Luís Otávio Burnier)

A metodologia para a descoberta do Clown se efetiva, sobretudo, por meio de jogos. Os mais diversos jogos: prontidão, improvisação, observação e outros. No entanto, não se trata de uma competição entre os participantes, mas o jogo que proporciona o prazer de brincar, e, por meio desse divertimento, investigar possibilidades para a descoberta do Clown de seu aluno-ator.

Para melhor compreendermos este processo são necessárias algumas colocações a respeito do Clown. Segundo Bolognesi (BOLOGNESI, 2003, p. 62) a palavra "Clown" é de origem inglesa. Clown deriva de *cloyne, cloine* ou *clowne.* Sua matriz etimológica reporta a *colonus* e *clod.* O sentido seria homem rústico do campo. O termo passou também a ter o sentido de *lout,* que significa homem desajeitado e grosseiro.

Segundo Ruiz (1987 *apud* BURNIER, 2009, p. 205), o Clown tem suas raízes na baixa comédia grega e romana e na commedia dell'arte. Aí se encontra a origem do Clown como conhecemos hoje.

No Oriente, o Clown é mais ligado ao sagrado e está presente em civilizações como China e Índia, muito tempo antes de Cristo. Segundo Bete Dorgam:

> [...] a figura do Clown varia muito de cultura para
> cultura, desfrutando em algumas uma posição
> privilegiada nas cerimônias religiosas e nos mitos

ligados às origens. Apesar das diferentes manifestações, há certas características que se repetem em praticamente todas: Clowns estão sempre metidos em problemas, causam destruição; interrompem eventos e não respeitam as regras sociais; são pessoas que não agem apropriadamente; resumem um comportamento anti-social. (MARTINS, 2004, p. 20).

Burnier também coloca que os tipos clownescos da baixa comédia grega e romana e os personagens fixos da commedia dell'arte possuem uma mesma essência, que é expor a estupidez do ser humano relativizando normas e verdades sociais.

No entanto, ao analisar as mais diversas manifestações clownescas em sociedades diferentes e períodos históricos também diferentes, é preciso ter uma visão diacrônica da história, percebendo que, apesar de terem algo em comum, são manifestações artísticas muito particulares, distintas e peculiares, refletindo sua época e sua sociedade. Dessa forma, percebe-se que em cada Clown coexiste uma manifestação artística que reflete sua cultura, seu período histórico e, concomitantemente, uma criação única e intransferível de um ator.

Para aprofundar esta investigação sobre a estética do Clown, cito Portich (PORTICH 2008, p. 15): "Os primeiros registros sobre commedia dell'arte, de meados do século XVI, mostram que esta modalidade de espetáculos estava incluída na organização civil cujo vértice incidia na corte". Croce (1957 apud PORTICH, 2008, p. 17) ainda nos esclarece: "Commedia dell'arte não é, em sua origem, conceito artístico ou estético, mas profissional ou industrial. O próprio nome o diz claramente: Commedia dell'arte, ou seja, teatro feito por gente de profissão e de ofício".

Quando surgiu a commedia dell'arte, o que estava em questão não eram preocupações estéticas, mas de ordem profissional ou industrial: o ator passa, nesse período, a ser tratado como um profissional. Se não eram preocupações de ordem artística ou estética que estiveram na sua origem, com o passar do tempo a commedia dell'arte se estruturou com uma estética teatral muito bem definida.

Nesse estilo de teatro, não havia um texto propriamente dito, mas um roteiro de ações chamado "canovaccio" (os atores improvisavam apoiando-se nesse roteiro). Os atores usavam uma máscara para interpretar, a "meia máscara expressiva", e eram divididos em categorias compostas, por sua vez, por personagens fixos, como, por exemplo: Pantalone, Briguella e Arlecchino.

Essa meia máscara caracteriza-se por cobrir apenas metade do rosto e, além disso, ela obedece à linguagem de interpretação que se dá às máscaras. Um dos traços fundamentais desta linguagem é a triangulação.

Na commedia dell'arte, esse recurso é particularmente importante. Ele consiste em compartilhar com o público as intenções do personagem. Cada mudança de intenção é compartilhada com o público, pontuando e olhando com os olhos e o nariz da máscara, quebrando, portanto, a quarta parede e focalizando o indivíduo na plateia.

Dessa forma, há três características estruturais da commedia dell'arte que são improvisação, personagens fixos e triangulação.

O Clown se aproxima esteticamente da commedia dell'arte e mantém algumas de suas características fundamentais, em primeiro lugar, o espontaneísmo e a improvisação também estão presentes. Os personagens são também fixos. Nos filmes de "O Gordo e o Magro", por exemplo, o Gordo sempre foi o mesmo personagem e o Magro também, ou seja, o ator que vive o personagem do Gordo mantém suas características em todos os filmes. Finalmente, no Clown também persiste o recurso da triangulação, obedecendo às exigências da máscara. Uma vez que o nariz do palhaço é também uma máscara. A menor máscara que existe.

Uma última semelhança que aproxima a commedia dell'arte do Clown é o fato de que muitas vezes o Clown se apresenta em duplas: um dos palhaços se chama Branco e o outro Augusto. Um esperto e o outro tonto (o Gordo e o Magro são um bom exemplo). Este tipo de dupla também existe na commedia dell'arte de uma forma muito parecida com os *zannis* (servos) *Briguella* e *Arlecchino*.

Em sua tese de doutorado, Bete Dorgam nos esclarece algo importantíssimo:

> Não se interpreta um Clown, ele existe e é modelado a partir do ser humano que ali está, inteiro, aceitando seu ridículo e suas possibilidades de fracasso, aceitando a instabilidade da própria condição humana e, através do embate com a realidade que o cerca, tornando-se um elemento crítico e transformador Ele é o que somos em estado puro de ingenuidade e crença absoluta. (MARTINS, 2004, p. 113).

Assim, as características do Clown são características do próprio ator. Quando se constrói um personagem, ele não tem necessariamente relação com o seu criador. Um ator impaciente pode interpretar um personagem paciente e assim por diante. No Clown não há esta construção de personagens, mas sim a descoberta de si mesmo no personagem criado. Esta especificidade diferencia-o de um personagem comum. Este traço distintivo pode proporcionar ao aluno-ator uma caminhada em busca de si mesmo.

Figura 1 – Laurel & Hardy

Fonte: www.Interagindocomasartes.blogsot.com/2008.06.01_archive.html

O CLOWN E O HUMOR

O humor tem não apenas algo de libertador,
mas também algo de sublime e elevado.

(Freud)

No decorrer da história da filosofia e da arte já se discutiu muito sobre a questão do humor. Não pretendo fazer um novo estudo, mas apresento algumas ideias e concepções aproximando o leitor desse universo, uma vez que ele é tão presente no Clown. Em seu livro *O pequeno tratado das grandes virtudes*, no capítulo "O humor", André Comte-Sponville faz a seguinte colocação:

> É impolido dar-se ares de importância. É ridículo levar-se a sério. Não ter humor é não ter humildade, é não ter lucidez, é não ter leveza, é ser demasiado cheio de si, é estar demasiado enganado acerca de si, é ser demasiado severo ou demasiado agressivo, é quase sempre carecer, com isso, de generosidade, de doçura, de misericórdia... O excesso de seriedade, mesmo na virtude, tem algo de suspeito e de inquietante: deve haver alguma ilusão ou fanatismo nisso... É virtude que se acredita e que, por isso, carece de virtude. (COMTE-SPONVILLE, 2004, p. 229).

Essa colocação mostra-nos algo de equivocado na ausência de humor. A falta de humor está associada à falta de humildade, à falta de lucidez, a uma agressividade excessiva, enfim a um engano a respeito de si próprio.

No entanto, o próprio Comte-Sponville nos adverte para que não exageremos na importância do humor, colocando que um canalha pode ter humor e um herói pode não ter.

Henri Bergson coloca a cumplicidade como necessária ao cômico, e sustenta a ideia sugerindo que os efeitos cômicos de uma língua são muitas vezes intraduzíveis para outra. Argumenta ainda se baseando no fato de que em uma comédia o riso é maior quanto mais cheia está a casa. Ou seja, todos se tornam cúmplices, quando riem, da cena exibida.

Ainda Bergson e Adolfo Sánchez Vásquez entendem que o cômico esteja exclusivamente presente em uma realidade humana. Para VÁSQUES (1999, p. 273), "O cômico é sempre algo humano ou humanizado".

Vásquez também coloca que a contradição pode fazer parte do cômico. Exemplifico esta ideia com duas frases de Groucho Marx: "Eu não frequento clubes que me aceitam para sócio". Também: "Estes são meus princípios. Se você não gostar deles, tenho outros".

Uma última constatação de Vásquez, é que rir é uma forma de liberdade. Nós não podemos obrigar outra pessoa a rir, e, muitas vezes, também não conseguimos fazê-la parar de rir. Nesse sentido, o riso é livre e também subversivo, uma vez que não pode ser controlado. Tanto é subversivo que grandes nomes da comicidade foram destruidores de valores, denunciando sociedades autoritárias e hipócritas. Nomes como Molière, Oscar Wilde, Gogol, Dias Gomes, entre outros.

Se a ausência de humor é um traço negativo, a questão é: como o Clown e o humor podem nos libertar deste "equívoco"?

Adolfo Sánchez Vásquez faz uma classificação de tipos de comicidade muito importante para a compreensão do humor como um todo e para compreensão do Clown. Ele divide os tipos cômicos em três categorias: a sátira, a ironia e o humor.

Nos dois primeiros casos o riso se dá como uma crítica. Você está rindo do outro. Sendo assim, a sátira e a ironia funcionam como uma arma:

> O satírico não reconhece limites a sua crítica, já que não encontra nele nada digno de ser salvo.

A desvalorização que entranha a sátira só pode promover a antipatia ou a desaprovação do leitor ou espectador. E isso é em definitivo o que busca o satírico. (VÁSQUEZ, 1999, p. 280).

[...] A ironia é uma crítica oculta que é preciso ler nas entrelinhas [...] Na ironia, a crítica permanece oculta por trás da exaltação do elogio ou da felicitação. Suas cartas nunca estão sobre a mesa. (VÁSQUEZ, 1999, p. 281).

André Comte-Sponville também fala sobre o assunto:

A ironia não é uma virtude, é uma arma [...] É riso mau, sarcástico, destruidor, o riso da zombaria [...] É riso do ódio, é riso do combate. Útil? Como não, quando necessário! Que arma não o é? Mas nenhuma arma é paz, nenhuma zombaria é humor. (COMTE-SPONVILLE, 2004, p. 231).

Percebemos que não existe nesses dois tipos cômicos uma aproximação muito grande com o Clown. Com efeito, tanto na sátira quanto na ironia você ri de alguém. Você tem um alvo.

Na sátira, a crítica não tem limites, pois não encontra no seu objeto nada digno de ser salvo. Na ironia se dá algo semelhante porém de forma mais sutil e oculta.

O humor se diferencia desses dois tipos cômicos. Ao descrever o humor, afirma Adolfo Sánchez Vásquez:

O humorista ataca seu objeto, critica-o, mas não o nega em sua totalidade. Algo nele se salva. Por isso, ao mesmo tempo em que desvaloriza o objeto, que mina o solo em que se sustenta, convida-nos a compartilhar algo de seu. [...] O humor, como o cômico em geral, é crítica, mas uma crítica compreensiva e compassiva... (VÁSQUEZ, 1999, p. 278).

O traço distintivo do humor em relação aos outros dois tipos cômicos está em que no humor há um convite para se compartilhar uma fraqueza do próprio personagem. No humor você não ri **do outro,** como fazia na sátira e na ironia, mas ri **com o outro.**

Esse rir **com o outro** faz com que aqueles que riem tornem-se cúmplices da condição humana, que, por vezes, é ridícula e risível.

O Clown se aproxima mais da terceira categoria: o humor. No entanto, isso não significa que não possa haver elementos de sátira ou ironia em um Clown.

De qualquer maneira, por meio do Clown e do humor, com a possibilidade de se rir **com o outro**, e nos lembrando ainda que o humor tem sempre uma relação com o humano, almejo que a Arte do Clown como um instrumento pedagógico permita o nascimento de um devir cada vez mais humanizado.

Figura 2 – Charles Chaplin

Fonte: www.memorialvivo.com.br/perfis/fotos/CharlesChaplin

ALGUMAS CONSIDERAÇÕES SOBRE O RELACIONAMENTO PROFESSOR-DIRETOR E ALUNO-ATOR

> *A responsabilidade do professor, de que às vezes não nos damos conta, é sempre grande.*
>
> *(Paulo Freire)*

Pela riqueza de seu trabalho e pela influência que exerceu em mim, sobretudo no que diz respeito ao papel dos professores na sala de aula, cito Rosa Iavelberg:

> O papel dos professores é importante para que os alunos aprendam a fazer arte e a gostar dela ao longo da vida. Tal gosto por aprender nasce também da qualidade da mediação que os professores realizam entre os aprendizes e a arte. (IAVELBERG, 2003, p. 10).

Verifica-se, nesta colocação, a função do professor no processo de aprendizagem.

Advertindo ainda sobre a responsabilidade desta função, Rosa coloca: "[...] A consciência de si como alguém capaz de aprender é uma representação que pode ser construída ou destruída em sala de aula. Daí a enorme responsabilidade das escolas e dos professores no ato de ensinar a gostar de aprender arte." (IAVELBERG, 2003, p. 10).

Ela defende a ideia de que os alunos devem aprender por interesse e curiosidade, e não por pressão externa. Esta convicção é definitivamente compatível com a seguinte colocação de FREIRE (2006, p. 85): "Como professor devo saber que sem a curiosidade que me move, que me inquieta, que me insere na busca, não *aprendo* nem *ensino*".

É importante o professor estar atento a essa questão para que o aprendizado seja prazeroso.

Para Rosa Iavelberg, os professores devem evitar comparações entre os trabalhos dos alunos e valorizar os avanços conquistados. Ela entende ainda que o professor deva ser um estudante fascinado por arte, para que possa, desta maneira, ter entusiasmo para ensinar aos seus alunos a vontade de aprender.

Concordo com as colocações de Rosa Iavelberg e Paulo Freire, e acredito ser necessária essa compreensão para se discutir a relação professor e aluno, uma vez que se percebe, de forma contundente, a importância do papel do professor no processo de aprendizagem.

Em relação ao teatro como educação, acredito que o objetivo principal do processo pedagógico não tem sua primazia na apresentação de um espetáculo com um texto bem decorado, mas em um trabalho coletivo que possibilite experiências criativas por meio de jogos teatrais e improvisações, fazendo com que os alunos-atores apropriem-se como autores de todo o processo. Aliás, o que é absolutamente compatível com o trabalho com o Clown.

Ingrid Dormien Koudela nos coloca o seguinte impasse:

> O aluno que simplesmente decora um texto clássico e o espetáculo que se preocupa apenas com a produção não refletem valores educacionais, se o sujeito da representação não foi mobilizado para uma ação espontânea. Mas a visão puramente espontaneísta também corre o risco de reduzir a proposta de educação artística a objetivos meramente psicológicos, o que afasta a possibilidade de entender a arte como forma de conhecimento. (KOUDELA, 1984, p. 25).

O processo como um todo deve conciliar um cuidado pedagógico e estético respeitando ao mesmo tempo a arte teatral como forma de conhecimento e valores educacionais. Para que isto aconteça, devemos ter em mente que compete ao professor-diretor o compromisso de propiciar o aparecimento do que há de melhor do potencial de seu aluno-ator, e que esse compromisso seja uma questão ética ou seja, o professor-diretor tem o compromisso ético de promover o máximo da qualidade de intérprete de seu aluno-ator.

É muito comum no processo de criação de um personagem a vulnerabilidade e a insegurança que o aluno-ator sente em relação ao professor-diretor. Paulo Freire, em seu livro *Pedagogia da Autonomia*, nos ensina algo pertinente no que tange a esta questão:

> Às vezes, mal se imagina o que pode passar a representar na vida de um aluno um simples gesto do professor. O que pode um gesto aparentemente insignificante valer como força formadora ou contribuição à do educando por si mesmo (FREIRE, 2006, p. 42).

Em vista disso, o professor deve estar cuidadosamente atento aos seus alunos; enxergando, ouvindo, percebendo e proporcionando o desenvolvimento dos mesmos.

Figura 3 – Groucho Marx

Fonte: www.idadecerta.com.br/blog/wp-content/upload/2011/04/groucho--marxs-001.jpg

Figura 4 – Buster Keaton

Fonte: www.forbes.com/2003/01/03/cx-0103movers.html

UM PROCESSO PEDAGÓGICO DIFÍCIL E DELICADO

A Falha Cômica

A trágica falha
daquele que faz rir
quando quer fazer chorar

(Henrique Pessoa)

Considero extremamente importante atentar para o fato de que o processo de descoberta de seu Clown também envolve certo sofrimento. Nesse processo, você não constrói um personagem, mas encontra um pouco de si mesmo no personagem criado. Essa especificidade é diferente da construção de um personagem comum.

Para a descoberta de seu Clown, o aluno-ator entrará em um inevitável processo de autoconhecimento e autoaceitação, aprendendo a reconhecer e valorizar o que há de ridículo em si mesmo. Essa não é uma tarefa fácil.

Luís Otávio Burnier nos adverte quanto a isso: "[...] O trabalho de criação de um clown é extremamente doloroso, pois confronta o artista consigo mesmo, colocando à mostra os recantos escondidos de sua pessoa; vem daí seu caráter profundamente humano." (BURNIER, 2001, p. 209).

Um caminho possível e que é presente no humor clownesco reside em seu caráter involuntário. Não se trata de uma piada pronta, ou de um texto de comédia bem interpretado (embora isso também possa existir), mas da descoberta de si mesmo em um Clown que, a partir do ridículo de sua condição, de sua espontaneidade, singularidade e da situação em que se encontra, torna-se risível.

Acredito que essa descoberta seja uma experiência possível e edificante, tanto pedagogicamente como artisticamente, ainda que seja uma tarefa difícil. Paulo Freire, em seu livro *Pedagogia da Autonomia*, enfatiza uma convicção pessoal da qual eu compartilho como educador:

> A competência técnico-científica e o rigor de que o professor não deve abrir mão no desenvolvimento do seu trabalho, não são incompatíveis com a amorosidade necessária às relações educativas. Essa postura ajuda a construir um ambiente favorável à produção do conhecimento [...]. (FREIRE, 2006, p. 10).

Nesse processo pedagógico, o professor deve aliar severidade e amorosidade.

5.1 EXPERIÊNCIA VIVIDA INTENSAMENTE COM ARTE

Faz 14 anos que trabalho como professor no ensino médio, na Escola Nossa Senhora das Graças. Tive a felicidade de verificar que esta iniciativa de trazer a paixão que tenho desde criança pelo palhaço para a sala de aula foi bem-sucedida. Nesses anos, os alunos mostraram uma aceitação muito grande a este tipo de proposta. Eles se interessaram em aprender sobre o Clown e se entregaram aos exercícios com disposição e coragem.

Foi necessário também que eu me reciclasse durante esses anos. Fiz cursos de Clown com Fernando Vieira, Cida Almeida, Bete Dorgam, Cristiane Paoli Quito e aprendi sobre Commedia dell'arte com Tiche Viana e Marcelo Colavitto.

Considero importante que se aprofunde ainda mais este tipo de pesquisa.

O Clown já conquistou seu espaço no teatro, no circo, no cinema e nos hospitais. Ficaria profundamente feliz se este trabalho consolidasse a arte do Clown na Educação, resgatando o humor e o ato de aprender dentro da escola com graciosidade, amorosidade e a delicadeza da transformação humana com os olhos vivos da sensibilidade.

CONSIDERAÇÕES FINAIS, A HORA DE TIRAR A MÁSCARA

É no Clown que o teatro e o circo mais se aproximam.

O Clown proporciona a capacidade de viver o lúdico que, por sua vez, possibilita a experiência da conexão entre as pessoas.

No Clown, por meio do humor, o indivíduo pode compartilhar, com cumplicidade, momentos de grande alegria e divertimento, enriquecendo-se com tudo o que essa experiência oferece.

No Clown, aprendemos que é na "falha" que se encontra a virtude, e, com esta percepção, incluímos e acolhemos o que antes era excluído de nós mesmos.

Acredito que essa característica específica possibilite um diálogo entre a Arte do Clown e as mais diversas formas e concepções de Pedagogia Inclusiva.

Aprendemos no Clown que ser adulto não significa excluir ou banir a "criança" que existe em nós. Podemos então, mesmo adultos, resgatar e conservar nossa pureza e inocência.

No entanto, devemos ser adultos no conhecimento. Devemos pensar de forma amadurecida e criteriosa portanto adulta.

Há uma passagem no Novo Testamento em I Cor. 14.20 aonde há uma colocação do apóstolo Paulo na qual é possível esclarecer este impasse além e trazer uma reflexão sobre este trabalho como um todo: "**Irmãos, não sejais meninos no entendimento, mas sede meninos na malícia, e adultos no entendimento**".

REFERÊNCIAS

BERGSON, Henri. *O riso*: ensaio sobre a significação da comicidade. São Paulo: Martins Fontes, 2007.

BOLOGNESI, Mário Fernando. *Palhaços*. São Paulo: Ed. Unesp, 2003.

BURNIER, Luís Otávio. *A arte do ator*: da técnica à representação. Campinas: Ed. Unicamp, 2009.

COMTE-SPONVILLE, André. *O pequeno tratado das grandes virtudes*. São Paulo: Martins Fontes, 2004.

FREIRE, Paulo. *Pedagogia da autonomia*: saberes necessários à prática educativa. São Paulo: Paz e Terra, 2006.

IAVELBERG, Rosa. *Para gostar de aprender arte*: sala de aula e formação de professores. Porto Alegre: Artmed, 2003.

KOUDELA, Ingrid Dormien. *Jogos teatrais*. São Paulo: Perspectiva, 1984.

LECOQ, Jacques (org.). *Lê Théatre du geste*. Paris: Bordas, 1987.

MARTINS, Elizabete Vitória Dorgam. *O chá de Alice*: a utilização de máscaras do Clown no processo de criação do ator. 2004. Tese (Doutorado) – Universidade de São Paulo, São Paulo, 2004.

PORTICH, Ana. *A arte do ator entre os séculos XVI e XVII*: da Commedia dell'Arte ao paradoxo sobre o comediante. São Paulo: Perspectiva, 2008.

VÁRIOS. *Bíblia Sagrada, edição contemporânea*. Tradução de João Ferreira Almeida. São Paulo: Ed. Vida, 1996.

VÁSQUEZ, Adolfo Sánchez. *Convite à Estética*. São Paulo: Editora Civilização Brasileira, 1999.

WEBGRAFIA (Imagens)

CHAPLIN, Charles. Disponível em: www.memorialvivo.com.br/perfis/fotos/CharlesChaplin. Acesso em: 31 mar. 2011.

KEATON, Buster. Disponível em: www.forbes.com/2003/01/03/cx-0103movers.html. Acesso em: 31 mar. 2011.

LAUREL, Stan; HARDY, Oliver. Disponível em: www.Interagindo-comasartes.blogsot.com/2008.06.01_archive.html. Acesso em: 31 mar. 2011.

MARX, Groucho. Disponível em: www.idadecerta.com.br/blog/wp-content/uploud/2011/04/groucho-marxs-001.jpg. Acesso em: 31 mar. 2011.

ANEXO

A aluna-atriz Fernanda Manzano, que deu vida a Puck, um personagem clownesco de Shakespeare.

Fonte: acervo pessoal

Por meio desse QR code você terá acesso a uma aula do Prof. Henrique Cesarino Pessoa da pós-graduação da UNIFESP "Teorias e Praticas para Cuidados Integrativos" coordenada pela Prof.ª Dr.ª Sissy Fontes Veloso.